Histoires de chevaliers, de princesses et de dragons !

FLEURUS

Direction : Guillaume Arnaud
Direction éditoriale : Sarah Malherbe
Édition : Charlotte Walckenaer, assistée de Marie de Varax

Direction artistique : Élisabeth Hebert, assistée d'Anaïs Acker
Mise en pages : Rodolphe-Vladislas Duprey

Fabrication : Thierry Dubus, Emmanuelle Laine

Illustration de couverture : Yating Hung

© Fleurus, Paris, 2011
www.fleuruseditions.com

ISBN : 978-2-2150-9814-0
MDS : 651485
N° d'édition : 11060
Tous droits réservés pour tous pays.
« Loi n° 49-956 du 16 juillet 1949 sur les publications destinées à la jeunesse. »

Histoires de chevaliers, de princesses et de dragons !

Histoires écrites par Charlotte Grossetête.
Encadrés pédagogiques et pages de jeux d'Annick Gabillet.

Illustrations de Carine Hinderchiette, Yating Hung,
Marie Ligier de Laprade et Florian Thouret.

FLEURUS

Introduction

Lire comme un grand, voilà quelque chose d'important !

Ce livre propose un chemin progressif vers une lecture autonome. Ainsi, d'une histoire à l'autre, les éléments propres à la lecture évoluent :
- l'aération du texte (les histoires sont de plus en plus longues) ;
- la taille des lettres ;
- la difficulté du vocabulaire ;
- la complexité des situations ;
- les questions de compréhension.

Et pour finir chaque histoire, des pages ludiques permettent à l'enfant d'apprécier le chemin parcouru et de se détendre.

Ce livre est une belle aventure pour commencer à goûter le plaisir de lire.

Tournoi au château ! .... p. 7
Une histoire illustrée par Carine Hinderchiette

C'est la récré ! .... p. 14

Le petit moine de Sombreval .... p. 17
Une histoire illustrée par Marie Ligier de Laprade

C'est la récré ! .... p. 26

L'ondine de la rivière .... p. 28
Une histoire illustrée par Yating Hung

C'est la récré ! .... p. 38

Le petit tailleur de pierre qui voulait être chevalier ... p. 40
Une histoire illustrée par Yating Hung

C'est la récré ! .... p. 50

Héloïse et le passage secret .... p. 52
Une histoire illustrée par Florian Thouret

C'est la récré ! .... p. 62

Les personnages de l'histoire

Le chevalier
Armand de la Fleur

Mademoiselle
Aliénor

Le chevalier
de Fiercoq

Le chevalier
des Épinards-Tropcuits

Tournoi au château !

Sonnez, trompettes ! Battez, tambours !

Un tournoi a lieu chez le duc de Clairville.

Tous les grands chevaliers du pays y sont rassemblés. Le héraut d'armes proclame :

« Et voici, nobles gens, la récompense réservée au vainqueur : il épousera la fille du duc, mademoiselle Aliénor.

As-tu bien compris ?

1. Quel événement se prépare chez le duc de Clairville ?
2. Qui se rend chez lui ?

Que le meilleur gagne ! »

Les premiers chevaliers entrent en lice.

Leurs chevaux se jettent l'un contre l'autre.

CRAC ! La lance de l'un des combattants

se brise.

Qu'est-ce que cela veut dire ?

La lice est le lieu où se déroule les tournois.
Une lance est une arme très longue, plate et pointue.
Caracoler signifie se déplacer avec légèreté et fierté.
Un heaume est un casque qui protège la tête du chevalier ou du guerrier.

« Le chevalier des Épinards-Tropcuits

a perdu ! crie le héraut. Il est éliminé !

– Ouf ! soupire Aliénor. Je n'avais pas

envie de porter ce nom-là ! »

Le chevalier de Fiercoq, qui a gagné ce

combat, vient caracoler devant Aliénor.

Il enlève son heaume pour la saluer.

As-tu bien compris ?

1. La pratique du tournoi est-elle dangereuse ? Pourquoi ?
2. Qui a perdu le premier combat ?

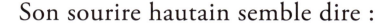

Son sourire hautain semble dire :

« C'est moi le meilleur !

Je serai votre mari tout à l'heure !

— Au secours, pense Aliénor. Je ne veux

pas de ce grand vaniteux ! »

Fiercoq s'élance contre un nouvel

Qu'est-ce que cela veut dire ?

Un adversaire est une personne qui s'oppose à une autre personne. Ici, les chevaliers sont des adversaires.

L'armure désigne les différents éléments de la tenue d'un chevalier chargés de le protéger des coups.

adversaire. Dans un fracas de tonnerre, armures et boucliers s'entrechoquent. La lance de Fiercoq se casse tout net. Il a perdu ! Le jeune chevalier Armand de la Fleur, nouveau gagnant, sera-t-il plus charmant ?

As-tu bien compris ?

1. Que dit le chevalier de Fiercoq à Aliénor ?
2. Que se passe-t-il lors de l'attaque de Fiercoq contre un nouvel adversaire ?

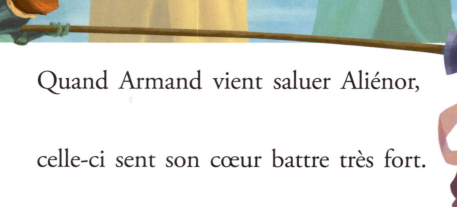

Quand Armand vient saluer Aliénor,

celle-ci sent son cœur battre très fort.

« Pourvu qu'il gagne ! C'est lui que je

préfère. »

Armand incline sa lance devant elle.

Alors, prenant un ruban à son chapeau,

elle l'attache à l'extrémité de la lance…

Qu'est-ce que cela veut dire ?

Repartir en lice signifie repartir au combat.
Défaire signifie vaincre, mettre en défaite.

Armand repart en lice. Galops de chevaux, nuages de poussière : il défait tous ses adversaires. Est-ce son courage ? Le pouvoir du ruban ? En tout cas, à la fin du tournoi, le duc lui donna la main d'Aliénor, et les amoureux vécurent très heureux !

As-tu bien compris ?
1. Quel est le chevalier préféré d'Aliénor ?
2. Qu'a-t-elle attaché à sa lance ?

C'est la récré !

Teste tes connaissances

Réponds oralement à ces questions :

1. Aliénor a-t-elle la possibilité de choisir son mari ?
2. Aimerais-tu vivre au temps des chevaliers ? Si oui, quel personnage voudrais-tu être ?

Le parcours du chevalier
Pour être chevalier, une longue préparation est nécessaire. On est d'abord page de 6 à 15 ans environ. Ensuite, on devient écuyer, au service d'un chevalier. On apprend à manipuler les armes. À 21 ans, l'écuyer devient chevalier lors de la cérémonie de l'« adoubement ».

Les mots avec le son « é »

Le son « é » peut s'écrire :

é
Un héraut
Préféré

ez
Sonnez
Chez

er
Un chevalier
Un bouclier

ed
Un pied

et
Toi et moi

« er » fait « é » comme dans caracoler, porter, saluer.
« er » fait « èr » comme dans réservé, perdu, fier, adversaire, hier.

Orthographie correctement les mots contenant le son « é » :
Le chevali__ a le n__ cass__ le pi__ _corch_.
Le h_raut donne le d_part du tournoi qui se d_roule ch__ le duc de Clairville.

Les différentes écritures

Relie les mots écrits en attaché aux mêmes mots écrits en script.

Chevalier ○   ○ Tournoi
Tournoi ○   ○ Chevalier
Adversaire ○   ○ Lance
Lance ○   ○ Vainqueur
Vainqueur ○   ○ Adversaire

14

Homonymes Héros, Héraut

Place le bon mot dans les phrases suivantes.

Luc a gagné le tournoi de tennis, il est le _____ du jour.
Le _____ donne le départ du tournoi dans la cour du château.

Contraires

Relie chaque mot à son contraire.

1. Meilleur   a. Petit
2. Vaniteux   b. Pire
3. Grand   c. Humble
4. Gagnant   d. Dernier
5. Premier   e. Perdant

Remets le bon mot à sa place

Heaume
Lance
Éperon
Haubert
Bouclier
Épée

Réponses : **Contraires** : 1-b ; 2-c ; 3-a ; 4-e ; 5-d.

15

Les personnages de l'histoire

Le moinillon

Le sorcier Bercus

La pie

Le petit moine de Sombreval

Dans la forêt de Sombreval, des moines enlumineurs viennent de bâtir un monastère. Ils peignent des images si belles que tous les nobles du royaume leur commandent des livres. Le sorcier Bercus, qui vit non loin de là, déteste ces nouveaux voisins !

As-tu bien compris ?

1. Dans quelle forêt les moines ont-ils construit leur monastère ?
2. Qui habite également dans la forêt ?

Il est furieux :

« Avant, les gens avaient peur de mes pouvoirs. Ils m'offraient des cadeaux pour m'amadouer. Maintenant, ils vont au monastère sans passer par ma chaumière ! Mais on va voir qui est le chef dans cette forêt ! »

Qu'est-ce que cela veut dire ?

Amadouer signifie calmer quelqu'un pour obtenir ce que l'on veut de lui.

Une chaumière est une petite maison couverte de chaume ou de roseaux.

Un moinillon est un jeune moine. Ce mot désigne aussi un moine que l'on trouve ridicule ou que l'on considère comme moins bien que les autres.

Un grimoire est un livre de magie ou de sorcellerie qu'utilisent les sorciers ou les magiciens.

Par une nuit noire, Bercus prononce une formule magique. Aussitôt, le plus jeune des moines se retrouve prisonnier dans sa chaumière !

« Bonsoir, moinillon, ricane Bercus. Je t'ai capturé parce que j'ai besoin d'un service. Je veux que tu enlumines mon grimoire de sorcellerie. Voici de l'encre noire. Je te laisse toute la nuit pour travailler.

As-tu bien compris ?

1. Pourquoi le sorcier est-il furieux ?
2. Que fait-il pour se venger des moines ?

– Mais… pour peindre, il faut des couleurs ! balbutie le petit moine.

– Écoute, petit. Tu vois cette pie ? Demain, je la ferai cuire au court-bouillon dans mon chaudron. Si tu n'as pas fini ton travail au lever du soleil, je t'y mettrai aussi. »

Resté seul, le moine ouvre tristement la cage de la pie.

Qu'est-ce que cela veut dire ?

Un court-bouillon est un mélange d'eau, de vin blanc et d'épices dans lequel on fait cuire les aliments.

Un chaudron est une marmite avec une grande anse.

« Sois libre, toi, au moins ! »

La pie incline la tête et s'envole dans la nuit. Mais elle revient vite, tenant une boîte entre ses pattes…

« Qu'est-ce que c'est ? demande le petit moine. Oh ! Comment te remercier ? »

La pie a fouillé la maison du sorcier pour y voler des trésors…

De la poudre d'or et des plantes rares de toutes sortes…

As-tu bien compris ?
1. De quoi le sorcier menace-t-il le moine ?
2. Que fait le moine pour la pie ?

Vite ! En mélangeant ces poudres avec de l'eau, le petit moine fabrique des couleurs vives. Puis, avec une des plumes de la pie, il se met à décorer toutes les marges du livre. Oh, pas avec des images de sorcellerie,

Qu'est-ce que cela veut dire ?

La marge désigne la partie d'une feuille où rien n'est écrit. C'est le blanc qui entoure le texte.

La sorcellerie est la science qu'exercent les sorciers.

22

non, mais avec des images de toutes les couleurs, lumineuses, qui montrent la beauté du monde…

Au lever du soleil, Bercus revient.

« Tu as fini, moinillon ? » tonne-t-il. Timidement, le moine peintre lui tend son travail.

As-tu bien compris ?

1. Que faut-il faire pour obtenir les différentes couleurs en peinture ?
2. Avec quel objet le moine décore-t-il les pages du livre ?

D'abord, le sorcier sent la colère l'étouffer :

« Ces couleurs, tu me les as volées ! »

Mais Bercus se met à tourner les pages du livre. Et ces images sont si merveilleuses qu'il sent sa méchanceté fondre d'un coup devant tant de beauté…

« C'est superbe », reconnaît-il tout bas.

Depuis ce jour, Bercus ne se mêle plus de sorcellerie.

Qu'est-ce que cela veut dire ?

Étouffer signifie être gêné pour respirer ou suffoquer par manque d'air.

Resplendissant se dit de quelque chose qui brille ou qui est extrêmement beau.

Il devient l'ami des moines. C'est lui qui leur fournit les plantes les plus rares pour fabriquer leurs couleurs. Et dans les livres du monastère brillent des images toujours plus resplendissantes.

As-tu bien compris ?

1. Quelle attitude prend le sorcier devant le travail du petit moine ?
2. Change-t-il de comportement ?

C'est la récré !

Teste tes connaissances

Réponds oralement à ces questions :

1. Quels sont les personnages principaux de l'histoire ?
2. Quel est le travail des moines au Moyen Âge ?

Les couleurs

On invente des couleurs à partir des plantes. On obtient le rouge à partir de la garance, le jaune provient de la gaude, le vert, de la fougère et le bleu, du pastel. On utilise des poussières de pierres pour l'or, l'argent, etc.

Les mots avec le son « o »

Le son « o » peut s'écrire :

o
Une forêt
Un monastère
Un sorcier

au
Une chaumière
Un chaudron
Un crapaud

eau
Un cadeau
Nouveau
La beauté

ô
Un hôte
Un hôtel
Un hôpital

Orthographie correctement les mots contenant le son « o » :

Dans la f_rêt vivent des moines dans un m_nastère et un s_rcier dans une ch___mière.
Le s_rcier veut cuire la pie dans son ch__dron.
Quelle b____té, ces images lumineuses !

Les différentes écritures

Relie les mots écrits en attaché aux mêmes mots écrits en script.

Monastère ○   ○ Image
Forêt ○   ○ Monastère
Image ○   ○ Sorcellerie
Couleur ○   ○ Couleur
Enluminure ○   ○ Forêt
Sorcellerie ○   ○ Enluminure

Jeu de la paire

Les mots suivants se retrouvent deux par deux : aide-les à se donner la main.

1. Nouveauté
2. Tristesse
3. Solitude
4. Merveille
5. Jeunesse
6. Beauté
7. Magie

a. Beau
b. Jeune
c. Seul
d. Triste
e. Nouveau
f. Magique
g. Merveilleux

Ordre chronologique

Range les outils utilisés du plus ancien au plus récent.

Mots croisés

Retrouve, dans le texte ci-contre, les noms des plantes qui donnent les quatre couleurs représentées. Place-les dans la grille.

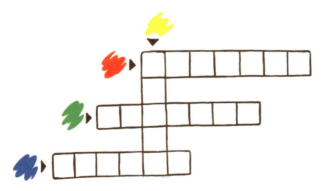

Réponses : **Jeu de la paire** : 1-e ; 2-d ; 3-c ; 4-g ; 5-b ; 6-a ; 7-f. **Ordre chronologique** : le roseau taillé, la plume d'oie, le porte-plume, la machine à écrire, le stylo à bille, l'ordinateur.

27

L'ondine de la rivière

Un soir, le prince de Bellefontaine donna un grand bal dans son château. Dans la rivière voisine vivait une belle ondine. Par les fenêtres éclairées, elle voyait danser les invités. Comme elle rêvait d'aller au bal ! Alors, elle mit sa robe de mousse douce, ses bijoux en perles d'eau et

Qu'est-ce que cela veut dire ?

Un hennin est un chapeau du Moyen Âge, très haut, très pointu, en forme de cône.

Une ondine est un personnage imaginaire vivant dans les rivières.

son hennin en pétales d'anémones.

« Tu seras la plus jolie danseuse »,

lui dit un poisson. Mais dans cette rivière

vivait aussi une méchante sorcière.

Jalouse de l'ondine, elle glissa un crapaud

sous son hennin et dit :

« Ce crapaud coassera trois fois pendant

le bal. Si le prince le découvre, tu mourras.

Ha, ha, ha ! »

As-tu bien compris ?

1. Où veut se rendre l'ondine pour la soirée ?
2. Que fait la sorcière, sa voisine ?

L'ondine eut quand même le courage d'entrer dans le château. Elle était si belle que tout le monde se retournait sur son passage ! Le prince l'invita à danser : quelle valse féerique ! Soudain, l'ondine sentit le crapaud bouger… « Croa ! » fit la vilaine bête.

Qu'est-ce que cela veut dire ?

Un traître est quelqu'un en qui on ne peut pas avoir confiance car il trompe ou dénonce.

Féerique se dit des situations où l'on est comme dans un rêve.

Pour cacher le cri du traître, l'ondine dit de sa douce voix : « Croa… croyez-moi, je n'ai jamais vu un bal aussi magnifique !
– Merci », dit le prince.

Et il pensa : « Moi, je n'ai jamais vu une jeune fille aussi belle. »

Un peu plus tard, le crapaud cria de nouveau, assez fort cette fois : « CROA ! »

As-tu bien compris ?

1. Qui invite l'ondine à danser ?
2. Que fait le crapaud pour ennuyer l'ondine ?

Le prince, étonné, s'arrêta de danser.

« Que dites-vous ? demanda-t-il à l'ondine.

– Le CROI… SSANT de lune brille dehors ! dit l'ondine. Je voudrais sortir voir son reflet sur la rivière. »

Pauvre ondine ! Elle tremblait de peur et rêvait de retourner au fond de l'eau ! Mais le prince lui dit : « Je viens avec vous. »

Qu'est-ce que cela veut dire ?

Un reflet est l'image d'une personne ou d'un objet que l'on voit dans un miroir ou sur la surface d'une rivière.

Dans le parc, la lune éclairait la rivière.

L'ondine pensa :

« Il faut que je plonge maintenant, avant qu'il soit trop tard ! »

Mais elle n'avait pas envie de quitter le prince !

Soudain, le crapaud poussa un troisième cri : « CROA ! »

As-tu bien compris ?

1. Quelle est l'attitude de l'ondine aux cris du crapaud ?
2. Combien de fois le crapaud crie-t-il ?

Le prince dévisagea l'ondine :

« On dirait que votre hennin parle !

Qu'avez-vous caché dessous ? »

Terrifiée, l'ondine répondit :

« Rien ! Je disais… hum, hum,

je CROIS que j'ai pris froid ! »

Le prince sourit : « Ah ! c'est pour

cela que votre voix est enrouée !

Qu'est-ce que cela veut dire ?

Dévisager signifie regarder très attentivement quelqu'un.

Terrifié veut dire effrayé, pétrifié.

Enrouée se dit d'une voix râpeuse, comme lorsque l'on a un chat dans la gorge, que l'on est malade ou gêné.

Rentrons vite au château. J'aimerais que vous y restiez toute votre vie. Voulez-vous devenir ma femme ? » Hélas ! Une ondine ne peut pas épouser un homme ! L'ondine secoua tristement la tête pour dire non, et ce geste fit tomber le hennin.

As-tu bien compris ?

1. Que propose le prince à l'ondine ?
2. Peut-elle accepter cette proposition ?

Oh ! surprise ! À la place de l'horrible crapaud vert, il y avait un diadème d'or. Non seulement le sortilège était rompu, mais l'ondine était devenue une princesse ! Quelques jours plus tard, elle se maria avec le prince de Bellefontaine.

Qu'est-ce que cela veut dire ?

Un diadème est un bijou avec des pierres précieuses que l'on pose sur la tête. C'est une coiffure de princesse, comme les couronnes.

Un sortilège est un mauvais sort lancé par un sorcier contre quelqu'un.

Ils vécurent très heureux. Leurs enfants allaient souvent jouer à la rivière. Le prince disait à sa femme :

« Pourquoi nos enfants aiment-ils tant l'eau ? Parce qu'ils s'appellent "Bellefontaine" ?

– Parce que leur mère était une ondine », pensait la princesse.

Mais elle garda son secret toute sa vie !

As-tu bien compris ?
1. Que devient l'ondine ?
2. Quelle particularité ont les enfants de l'ondine et du prince ?

C'est la récré !

Teste tes connaissances

Réponds oralement à ces questions :

1. Quels sont les principaux personnages de l'histoire ?
2. L'ondine est-elle un personnage réel ou imaginaire ?

Le, La ou L'

Place le, la ou l' devant les mots suivants :

__ soir   __ voix
__ bal   __ crapaud
__ hennin   __ vie
__ anémone   __ ondine
__ pétale   __ cri

Les mots avec le son « s »

Le son « s » peut s'écrire :

- **s**
  Un soir
  Un sortilège

- **ss**
  Un poisson
  Un passage
  Glisser

- **c**
  Un prince
  Une sorcière

- **ç**
  Un garçon
  Elle reçut

- **t**
  Des initiales
  Impartial

- **x**
  Dix
  Soixante

s fait « z » entre deux voyelles comme dans « une voisine », « une surprise », « troisième », « épouser », « il disait », etc.

Orthographie correctement les mots contenant le son « s » :
Le prin_e invita l'ondine à dan_er pendant la _oirée.
Pour aller au bal, l'ondine mit sa robe de mou__e dou_e.
Le crapaud pou__a un troisième cri.
Le prin_e dévi_agea l'ondine.

Devinettes

Remplace la première lettre de chaque mot par une autre pour obtenir un nouveau mot.

Voix : _ _ _ _
(Je suis le fruit du noyer)

Geste : _ _ _ _ _
(Je suis un vêtement)

Place : _ _ _ _ _
(Je suis un dessert rafraîchissant)

38

Masculin-Féminin

Trouve le masculin des mots suivants :

Une princesse > un _ _ _ _ _ _ _
Une danseuse > un _ _ _ _ _ _ _ _
Une sorcière > un _ _ _ _ _ _ _
Une voisine > un _ _ _ _ _ _
Une invitée > un _ _ _ _ _ _

Les atours princiers

Parmi tous ces vêtements, raye ceux qui ne conviennent pas à une princesse (tu peux t'aider du dictionnaire) :

Maillot de bain
Pourpoint
Bottes en caoutchouc
Robe longue
Houppelande
Survêtement
Chausses
Tunique
Hennin
Bermuda
Aumônière
Pantoufles de vair
Diadème
Casquette

Mots cachés

Trouve les mots suivants dans la grille :

Anémone	Eau	Pansu
Amour	Fête	Perles
Bal	Hennin	Pétale
Belle	Lin	Prince
Bijoux	Lune	Princesse
Château	Mousse	Robe
Coin	Ondine	Rivière
Crapaud		

b	e	c	p	a	n	s	u	a	e	c	s	l	r
x	u	o	j	i	b	a	m	o	u	r	e	e	i
p	r	i	n	c	e	s	s	e	l	a	l	n	v
e	e	n	f	t	b	e	l	l	e	p	r	u	i
r	e	t	a	m	o	u	s	s	e	a	e	l	e
h	o	h	a	p	r	i	n	c	e	u	p	i	r
o	c	b	a	l	n	t	a	o	n	d	i	n	e
f	e	t	e	i	e	n	o	m	e	n	a	n	e

Les lettres restantes forment le nom du lieu de l'histoire : _ _ _ _ _ _ _ _ _ _ _ _ _ .

Réponses : Devinettes : noix, veste, glace.
Mots cachés : Bellefontaine.

39

Le petit tailleur de pierre
qui voulait être chevalier

Gabin, l'apprenti tailleur de pierre, travaillait sur le chantier de la cathédrale. Un soir, perché en haut d'une tour en construction, il vit un chevalier qui passait sur la route, monté sur son beau cheval. Il soupira :

Qu'est-ce que cela veut dire ?

Un tailleur de pierre est une personne qui taille la pierre pour lui donner une forme. Il existe également des tailleurs de vêtements par exemple.

Une cathédrale est une très grande église.

Une gargouille est le prolongement d'une gouttière à l'extérieur d'une toiture auquel on donne la forme d'un animal imaginaire.

40

« Comme j'aimerais être chevalier ! »

À côté de lui, son maître finissait de sculpter une gargouille. C'était un dragon au regard perçant, aux cornes pointues, aux ailes ouvertes comme pour s'envoler.

« On dirait un vrai, dit Gabin un peu inquiet.

As-tu bien compris ?

1. Où travaille Gabin, le jeune apprenti tailleur de pierre ?
2. Que voit-il passer sur la route ?

– Merci, dit le maître.

Bonne nuit, je vais me reposer.

Je suis malade, j'ai pris froid ! »

Gabin resta sur la tour pour regarder le soleil se coucher. Soudain, il crut voir le dragon bouger !

Il se frotta les yeux :

« Je rêve », se dit-il.

Hélas ! Gabin ne rêvait pas : le dragon était bien vivant ! La bête poussa un cri rauque et s'envola.

Gabin courut prévenir son maître.

Qu'est-ce que cela veut dire ?

Un cri rauque est un cri enroué et grave.

Mais celui-ci dormait déjà, brûlant de fièvre : rien ne put le réveiller ! Toute la nuit, le dragon tourna au-dessus du pays en crachant des flammes. Au matin, on le vit revenir vers la cathédrale et se poser sur la tour. Il était de nouveau immobile comme la pierre. Mais tout le monde avait eu très peur ! Le roi fit proclamer un message : « Je récompenserai le chevalier qui tuera ce dragon. »

As-tu bien compris ?

1. Quel événement extraordinaire se produit sous les yeux de Gabin ?
2. Que fait le dragon toute la nuit ?
3. Quel message fait proclamer le roi ?

43

Tous les chevaliers du royaume montèrent en haut de la tour, mais leurs épées se brisèrent contre le ventre en pierre du dragon. Le roi dit alors :

« Si un homme a le courage d'affronter le dragon quand il se réveillera, je lui donnerai tout ce qu'il désire. »

La tête basse, les chevaliers retournèrent dans leurs châteaux. Malgré leur courage,

Qu'est-ce que cela veut dire ?

Un monstre est un animal imaginaire qui apparaît dans les contes et les légendes.

Hisser veut dire élever un objet, à l'aide d'une poulie ou d'une grue par exemple.

ils ne se sentaient pas capables de lutter contre un monstre pareil. Gabin eut une idée. Il fit hisser un bloc de pierre à côté du dragon et se mit à sculpter. Ses coups de marteau résonnaient autour de la cathédrale. Les gens levaient la tête :
« C'est le petit Gabin qui travaille avec cette énergie ? »

As-tu bien compris ?
1. Que font les chevaliers du roi ?
2. Que fait Gabin au départ des chevaliers ?

Gabin frappait sans cesse. La journée avançait. Il devait finir sa sculpture avant la nuit, avant le réveil du dragon ! Aux derniers rayons du soleil, Gabin entendit du bruit derrière lui. Il sursauta… c'était le roi !

« Petit tailleur de pierre, on m'a dit que tu travaillais à côté du dragon. Que fais-tu ? »

Gabin s'inclina et montra sa sculpture.

« Oh ! » fit le roi émerveillé.

Qu'est-ce que cela veut dire ?

Une sculpture est un objet créé par le travail du sculpteur.
Frémir signifie trembler.

46

C'était un magnifique chevalier saint Georges. Avec un regard fier, il pointait vers le dragon sa lance de pierre, qui n'était pas terminée.

« Je dois finir avant la nuit, dit Gabin.

– Fais vite, fais vite », murmura le roi.

Le soleil avait disparu. Les ailes du dragon frémirent.

As-tu bien compris ?

1. Qui vient rendre visite à Gabin ?
2. Quelle est l'attitude du roi devant le travail de Gabin ?

Vite, Gabin se remit au travail. Sous ses coups de marteau, la lance prit forme et toucha le cœur du dragon. Aussitôt, le monstre de pierre s'immobilisa pour toujours !

« Quelle récompense souhaites-tu ? demanda le roi à Gabin.

– J'ai toujours rêvé d'être chevalier, Sire. »

Le lendemain, Gabin fut fait chevalier par le roi.

Qu'est-ce que cela veut dire ?

Défendre veut dire se battre pour protéger des personnes, des bâtiments ou des lieux. Si l'on se défend, cela signifie que l'on a été attaqué.

Le roi lui dit :

« Gabin, je te donne une épée. Mais je veux que tu gardes aussi ton marteau de sculpteur. Tu as un noble et beau métier.

– Merci, Votre Majesté. Je n'ai pas envie de l'abandonner. »

Voici comment Gabin passa sa vie à décorer des cathédrales et à défendre le peuple de son pays !

As-tu bien compris ?

1. Quelle récompense Gabin reçoit-il du roi ?
2. À partir de ce jour, que devient la vie de Gabin ?

C'est la récré !

La construction d'une cathédrale exigeait l'implication de beaucoup d'artisans :

l'architecte dessinait les plans de l'édifice ;
le carrier extrayait les pierres de la carrière ;
le charretier transportait les pierres de la carrière au chantier ;
le maçon montait les murs ;
le charpentier fabriquait et assemblait la charpente ;
le couvreur recouvrait la toiture de tuiles ou d'ardoises ;
le verrier fabriquait les vitraux ;
le forgeron fabriquait les outils nécessaires aux différents artisans ;
le bourrelier entretenait les cordes, les courroies, les cuirs et les selles.

Teste tes connaissances

Réponds oralement à ces questions :

1. Quels sont les principaux personnage de l'histoire ?
2. Quel événement transforme la vie de Gabin ?
3. Quel personnage voudrais-tu être si tu vivais au temps des cathédrales ?

Mélanges

Replace les pierres deux par deux pour trouver des mots de l'histoire.

Les mots avec le son « ill »

ail	aille	ouille	euil
Le travail	Un tailleur	Une gargouille	Un écureuil
Un vitrail	Un caillou	La rouille	Un treuil

eil	eille	euille	ueil
Le soleil	Réveiller	Une feuille	(après c et g)
Un conseil	Émerveillé	Le feuillage	L'orgueil
			Accueillir

Orthographie correctement les mots contenant le son « -lle » :
Les rayons du sol____ éclairent le vitr____ de la cathédrale.
Le t____eur de pierre sculpte une garg_____.
Le roi est émerv_____ é devant le trav____ de Gabin.
Le roi acc____e le t____eur de pierre et le fait chevalier.

Contraires

Relie chaque mot à son contraire

1. Pointu
2. Ouverte
3. Vraie
4. Inquiet
5. Immobile
6. Capable

a. Fermée
b. Fausse
c. Émoussé
d. Incapable
e. Serein
f. Mobile

Mots croisés

Place les mots dans les cases. Aide-toi du nombre de lettres.

Hache
Maçon
Pierre
Maître
Ciseau
Verrier

Travail
Couvreur
Tailleur
Sculpteur
Architecte

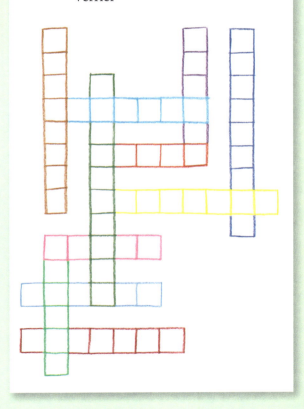

Redonne au chevalier et au tailleur ce qui leur appartient.

Réponses : Mélanges : dragon, construction, cathédrale, chevalier, gargouille.
Contraires : 1-c ; 2-a ; 3-b ; 4-e ; 5-f ; 6-d.

Héloïse et le passage secret

Au château de Malins, tout dormait encore. Même le garde qui devait surveiller le paysage sommeillait près de son échauguette. Mais soudain, il sursauta.

Des pas résonnaient sur le chemin de ronde !

« Qui va là ? cria-t-il.

– C'est moi, Héloïse ! »

Qu'est-ce que cela veut dire ?

Une échauguette est une petite tour accrochée au coin d'une muraille. Elle sert de poste d'observation.

Le chemin de ronde est un circuit aménagé tout en haut des murailles d'une forteresse et qui fait le tour des remparts.

Un ennemi est une personne qui est contre une autre personne, qui cherche à lui nuire.

Le garde se radoucit : Héloïse était la fille du seigneur de Malins.

« Que faites-vous au-dessus du vide ? C'est un endroit dangereux pour une demoiselle de six ans !

– Je viens juste regarder le soleil se lever, répondit Héloïse. Mais… Oh ! Ennemis à l'horizon ! »

Héloïse avait raison. À travers les collines, une armée marchait vers le château. Les armures brillaient aux premiers rayons du soleil !

As-tu bien compris ?

1. Que fait le garde dans son échauguette ?
2. Qui vient le surprendre ?
3. Qu'a aperçu Héloïse au loin ?

« C'est la guerre ! » cria le garde, et il courut sonner le tocsin. Au bruit de l'alarme, le château se réveilla.

Les soldats se préparèrent à défendre les murailles.

« Fermez la herse ! hurla l'un d'eux.

– Non ! ordonna le seigneur de Malins. Laissez d'abord les villageois se réfugier ici. »

En effet, à l'appel de la cloche, les familles

Qu'est-ce que cela veut dire ?

Le tocsin est une sonnerie de cloche répétée qui sert à prévenir les gens d'un danger, comme un incendie ou une émeute.

Une herse est la grille garnie de clous qui sert à protéger l'entrée d'un château fort.

Le pont-levis enjambe une douve qui entoure un château fort. On peut le relever pour empêcher l'entrée de l'ennemi.

Les créneaux forment le sommet dentelé d'un mur. Ils permettaient aux soldats du château fort d'avoir un espace pour tirer sur l'ennemi, et un espace pour se protéger ensuite.

de paysans montaient se mettre à l'abri au château.

Quand les dernières furent arrivées, on releva le pont-levis. Il était temps : les ennemis étaient là ! Ils jetèrent leurs échelles contre les remparts, et la bataille commença. Le château se défendit toute la journée. Les flèches pleuvaient du haut des tours. Par les créneaux, les soldats versaient des chaudrons d'huile bouillante dans le vide pour empêcher les ennemis d'escalader les murailles.

As-tu bien compris ?

1. Que fait le garde à la vue de l'ennemi ?
2. Que font les familles de paysans ?
3. Comment s'organise la défense ?

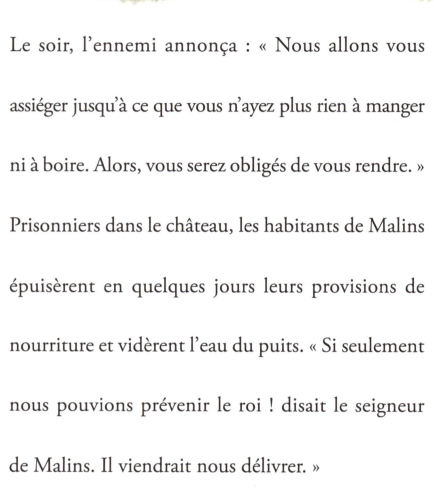

Le soir, l'ennemi annonça : « Nous allons vous assiéger jusqu'à ce que vous n'ayez plus rien à manger ni à boire. Alors, vous serez obligés de vous rendre. »

Prisonniers dans le château, les habitants de Malins épuisèrent en quelques jours leurs provisions de nourriture et vidèrent l'eau du puits. « Si seulement nous pouvions prévenir le roi ! disait le seigneur de Malins. Il viendrait nous délivrer. »

Qu'est-ce que cela veut dire ?

Assiéger signifie encercler, cerner, emprisonner. On dit qu'une ville est assiégée quand l'ennemi l'encercle et empêche les habitants de sortir de ses murs.

Épuisé veut dire très fatigué.

Vexée signifie contrariée.

Une petite main le tira par la manche. C'était Héloïse ! « Laisse-moi essayer, père. Avec une corde, je descendrai les remparts sans me faire voir.

– File dans ta chambre, gronda son père. La guerre n'est pas une affaire de filles ! »

Héloïse s'éloigna, vexée. En traversant la cour, elle s'arrêta devant le puits vide. Un rayon de soleil tombait dedans : elle se pencha pour regarder au fond.

As-tu bien compris ?

1. Que veut faire l'ennemi pour obliger les gens du château à se rendre ?
2. Que fait Héloïse ?

Dans la boue, un objet brillait à la lumière.

« On dirait… oui, c'est une clé ! »

Curieuse, Héloïse s'assit dans le seau et se laissa glisser en bas. En ramassant la clé, elle découvrit une porte toute rouillée…

« Un passage secret ! »

Avec la clé, Héloïse ouvrit la porte et entra dans un tunnel. Elle marcha longtemps dans le noir.

Qu'est-ce que cela veut dire ?

- **Un tunnel** est une galerie souterraine qui permet d'aller d'un endroit à un autre en évitant des obstacles (un cours d'eau, une montagne, etc.).
- **Effleurer** signifie frôler, toucher à peine, caresser furtivement.

Le souterrain sentait le moisi. De temps en temps, une chauve-souris effleurait Héloïse. Le cœur battant, elle continuait à avancer. Enfin, elle vit de la lumière. C'était la sortie du souterrain, cachée entre deux rochers.

« Où suis-je ? »

Héloïse regarda le paysage. Là-bas, le château se dressait sur la colline. Grâce au passage secret, elle était passée sous le camp des ennemis !

As-tu bien compris ?

1. Par quel moyen Héloïse descend-elle dans le puits ?
2. Qu'y découvre-t-elle ?

Héloïse se mit à courir. Elle suivit la route qui menait au palais du roi et, une fois arrivée, se jeta aux pieds du souverain : « Votre Majesté, le château de mon père est assiégé. Venez vite le délivrer ! »

Le roi leva aussitôt son armée. Lorsque les ennemis l'aperçurent de loin, ils s'enfuirent pour éviter la bataille ! Le seigneur de Malins fit ouvrir les portes du château. Héloïse entra en premier, se jeta dans les bras de son père et lui raconta son aventure.

Qu'est-ce que cela veut dire ?

Un souverain est un roi qui règne sans égal.
La liesse est une grande joie partagée.

« Vous avez une fille bien courageuse », lui dit le roi.

Le seigneur embrassa Héloïse.

« Je suis fier d'elle. Mais elle n'est pas très prudente ! La prochaine fois…

– Il n'y aura pas de prochaine fois, dit le roi en souriant. L'ennemi a eu trop peur. Je parie qu'il court encore. Ce n'est pas demain qu'il reviendra. »

Et la liesse envahit le château.

As-tu bien compris ?

1. Quelle personne Héloïse va-t-elle chercher ?
2. Que lui dit-elle ?
3. Que fait le roi ?

C'est la récré !

Teste tes connaissances

Une armée marchait vers le _____.
À l'appel du _____, les familles
de _____ montèrent se mettre
à l'_____ dans le château. Héloïse
emprunta un _____ pour
s'échapper. « Le château de mon père est
_____, dit-elle au roi.
Venez vite le _____. »

Racine des mots

Recherche le radical des mots suivants :
Exemple : Embrasser > bras
Résonner >_____
Souterrain >_____
Assiéger >_____

Homonymes

Connais-tu les homonymes du mot « seau » ?
Les homonymes sont des mots qui se prononcent de la même façon mais qui s'écrivent différemment et qui ne signifient pas la même chose.

Ce sportif a réussi un _____
de deux mètres de hauteur.
Cet homme ne comprend rien,
il est _____.
Sur le courrier du roi,
il y a son _____.
Pour puiser de l'eau, je prends
un _____.

Les mots avec les sons « j » et « gu »

j
La majesté
Jeter

g
Un garde
Gronder

ge (j avec o, a, u)
Un villageois
Il engagea

gu (g)
Une échauguette
La guerre

g (j avec e, i)
Un paysage
Assiéger

Orthographie correctement les mots contenant les sons « j » et « gu » :
Le _arde dort dans son échau__ette.
C'est la __erre, le château est assié_é.
Les villa__ois se réfu_ient dans le château.

62

Ordre croissant

Range les habitations de la plus simple à la plus belle.

Un château

Une hutte

Un palais

Une cabane

Une chaumière

Un manoir

Mots cachés

Cherche les mots suivants dans la grille :

Chapelle	Fenêtres	Herse
Châtelet	Fier	Meurtrière
Clé	Flèche	Murs
Corde	Fossés	Puits
Donjon	Four	Rempart
Douve	Fortin	Ronde
Échauguette	Gardes	Tourelle

e	c	h	a	u	g	u	e	t	t	e
r	f	e	n	e	t	r	e	s	o	l
e	o	r	h	n	e	l	d	n	u	l
i	s	s	f	i	e	r	o	e	r	e
r	s	e	g	t	f	j	u	d	e	p
t	e	l	a	r	n	l	v	r	l	a
r	s	h	r	o	n	d	e	o	l	h
u	c	o	d	f	o	u	r	c	e	c
e	i	r	e	m	p	a	r	t	h	l
m	u	r	s	t	i	u	p	s	e	e

Avec les sept lettres restantes, tu peux former le prénom de l'héroïne de l'histoire : _ _ _ _ _ _ _ .

Réponses : Racine des mots : Résonner > son ; souterrain > terre ; assiéger > siège. **Homonymes :** saut, sot, sceau, seau. **Ordre croissant :** cabane ; hutte ; chaumière ; manoir ; château ; palais. **Mots cachés :** Héloïse.

63

Achevé d'imprimer par Graficas Estella
en Espagne en mars 2011.
Dépôt légal : avril 2011